Ce livre appartient à

RETROUVEZ

titeuf

DANS LA BIBLIOTHÈQUE ROSE

c'est pô une vie...

même pô mal...

c'est pô croyab'

c'est pô malin...

pourquoi moi ?

les filles, c'est nul...

tchô, la planète !

le préau atomique

Ah ouais, d'accord...

ZEP

Titeuf

Ah ouais, d'accord...

Adaptation : Shirley Anguerrand

HACHETTE

Hachette Livre, 43, quai de Grenelle, 75015 Paris.

1

Basil, c'est un type pas vraiment comme nous. Il est dans une école spécialiste des types comme lui pas comme nous. Et tous les mardis, il vient dans notre classe pour la journée.

L'intégration ça s'appelle. Et moi, l'intégration j'aime bien, parce que le reste du temps, avec nos vaisseaux Spécedestructor, pendant la récré, on fait plutôt de la désintégration. Bref, en tout cas, Basil le désintégré de la tête, moi je l'intègre et il m'aime bien.

D'ailleurs, il m'aime bien un peu beaucoup trop.

Basil, il sait pô faire beaucoup de trucs. Il faut l'aider souvent. Et lui expliquer aussi. Même si des fois ça sert à rien.

Je l'aide pas tellement pour les maths, mais plutôt pour les trucs techniques comme déboucher son stylo.

Et Basil, il est toujours content et reconnaissant.

Y'a même des fois où c'est un copain. Parce que, Basil, ce qu'il a de cool, c'est que quand on lui explique un truc et qu'il voit que ça marche, il est super-content, et quand ça marche mais un peu moins bien, il est méga-content aussi.

En fait, Basil, avec moi il apprend giga-vite. Du coup, il est hyper-intégré.

2

LA BAVURE

J'aime bien aller au local de photocopie de l'école.

D'abord parce que, les photocopies, normalement, on a pas le droit d'en faire et puis surtout parce que j'adore en faire quand même. Et celles que je préfère, c'est quand je me photocopie moi-même. Je me fais la main et puis la tête.

Un truc pourri, c'est la grosse lampe qui vous passe sur la tête comme dans les films policiers.

Mais franchement, faut reconnaître que ça en vaut la peine.

L'autre truc nul, c'est que c'est toujours au meilleur moment que j'entends quelqu'un arriver.

Y'a même une fois où j'ai reconnu les pas de vieille de la maîtresse presque trop tard.

J'ai jamais couru aussi vite. Elle a dû avoir une belle surprise en trouvant la feuille ! J'aurais voulu que Manu soit là...

Mais comme la plupart des surprises, cette surprise-là en cachait une autre complètement pourrite. Et là, franchement, je remercie pô maman.

3

Je déteste quand Hugo se vante de trucs que c'est même pas vrai. En plus les copains l'écoutent comme si c'était Docteur Djustice et moi ça m'énerve. Et Hugo, il fait que de se vanter tout le temps. En clair :

y'a plein de fois où je déteste Hugo parce qu'il m'énerve.

Cette fois-là, c'était sur Nadia et ce gros naze du slip d'Hugo m'accusait que j'étais même pô cap' de le faire aussi et moi, faut pas me pousser dans les bouts de mes nerfs. Cette espèce de raclure insistait aussi lourdement que ses grosses fesses comme si j'avais la trouille.

Moi j'avais hyper-pas la trouille et j'allais le montrer à cette pourriture de néné d'Hugo.

Quand il a vu que j'y allais pour de vrai, il a dit : « Ça, faut en avoir dans le pantalon ! »

Mais quand je suis arrivé derrière Nadia je me sentais déjà un peu moins bien et quand elle s'est retournée ça allait plus du tout.

Le problème, c'est que les autres me regardaient pour voir si j'en avais et que je pouvais pô me dégonfler alors j'ai fermé les yeux pour que ça passe plus vite.

Nadia était furax. Elle s'est mise à crier si ça allait pas ma tête et elle m'a demandé si je voulais une grande baffe en pleine face. Moi j'ai agi comme aurait fait n'importe quel type logique...

Mais c'était pô la bonne réponse.

4

En fait, j'avais pô du tout peur et j'ai même pas pleuré. D'ailleurs, papa raconte n'importe quoi à dire que j'ai fait un gros caprice et maman elle dit n'importe quoi aussi.

J'ai seulement dit que je voulais pas aller dans leur colo pourrie mais c'est pas parce que j'avais la trouille. Parce que moi j'ai la trouille de rien du tout et surtout pô des autres enfants de mon âge que je connais pas. Les parents m'ont dit «ça suffit» tout le long de l'autoroute comme des perroquets.

Je me suis bien agrippé à la portière de la voiture mais papa est plus fort que moi (pour l'instant...), alors j'ai été obligé de les suivre. Et ils m'ont laissé là comme un pôv' type abandonné par toute la terre.

C'est là qu'une voix de fille m'a dit bonjour pour que je me retourne...

Caroline était pô moche du tout du tout et elle avait l'air assez cool. Je me disais que la colo serait peut-être moins naze que prévu mais c'est là que les parents sont arrivés en me parlant comme à un bébé comme s'ils voulaient me mettre la méga-honte.

Ils me posaient des questions

débiles et moi je répondais juste « oui oui » pour qu'ils comprennent qu'ils gênaient. Ils m'ont achevé en partant quand ils ont crié depuis la voiture que je pouvais téléphoner si j'allais pô bien. Vraiment c'était à se demander ce que je leur avais fait !

5

Toute la semaine de colo j'avais attendu la boum du dernier jour pour pouvoir danser avec Caroline. Mais une fois qu'on y était, c'était plus facile à attendre qu'à faire pour de vrai.

Mon copain Jérôme que je m'étais fait pendant la semaine, il était hyper-sympa de m'encourager, mais forcément, lui il avait pô la trouille : on voyait bien que c'était pas lui qui devait y aller. Mais il était plutôt cool comme type. Il avait même prévu du parfum pour moi parce que les filles adorent ça. Il a pris sa grosse bombe et il m'en a aspergé plein partout.

Et puis sans que je puisse le retenir, il a couru demander à

Caroline si elle voulait danser avec moi.

Et elle a dit oui ! J'y croyais même pô !

Pendant qu'on dansait je cherchais des trucs cool à lui dire qui fassent pas trop débile et surtout qui fassent pas romantique parce que c'est trop nul. J'ai pensé à « tu viens souvent ici ? » (mais je savais déjà que non), « tu sens la rose » (mais c'était plutôt moi), et finalement j'ai choisi de dire un truc pour la mettre à l'aise.

Je sais pô pourquoi les filles sont compliquées comme ça, mais la prochaine fois, je dirai rien du tout pour mettre à l'aise et elles auront bien les boules.

6

Le sac des filles, il paraît que c'est un bon moyen de savoir ce qu'elles ont dans la tête.

D'accord, la maîtresse, c'est pô vraiment une fille, mais y'avait son sac dans la classe et faut faire avec ce qu'on a.

On a bien regardé qu'il y ait personne pour nous voir et puis ensuite nous cafter, et on a piqué le sac de la maîtresse pour fouiller dedans.

On a trouvé des trucs débiles genre des épingles à cheveux, un tube de crème, un porte-monnaie et une boîte en carton bleue avec écrit Tampax dessus.

On a cherché un moment à quoi ça servait les bâtons en coton blanc avec la petite ficelle. On s'est dit que ça pouvait être pour se laver les oreilles mais les bâtons étaient trop gros (sauf si on avait les oreilles de Babar). Et puis tout à coup, l'horreur ! J'ai compris : c'étaient des zizis artificiels !

On voyait qu'une seule raison pour que la maîtresse se déguise en homme : c'était une espionne. Et nous, du coup, on était des espions d'espionne. Et les types comme nous, dans les films, c'est clair, ils se prennent une balle dans la peau ou dans le buffet (ça dépend du film).

Ce qu'on devait faire, eben on l'a fait. C'était pô du tout agréable, mais c'était pas ça l'important. Ce qui comptait par-dessus tout, c'est qu'on avait une mission à accomplir.

7

LA CRÈCHE

Tous les ans, juste avant les vacances de Noël, la maîtresse nous propose de fabriquer la crèche où qu'il est né le petit Jésus. Évidemment, nous on aimerait mieux faire le vaisseau spatial de Conspirator mais la maîtresse dit que ça fait pô du tout Noël alors qu'elle en sait rien du tout comment il est arrivé du ciel jusque dans la crèche, le petit Jésus. Les filles étaient toutes d'accord pour faire la crèche et comme Nadia a dit qu'en plus, une crèche, c'était trop adorable, avec les copains, on a aidé les filles à la faire. Manu a même amené un truc vivant pour faire l'âne.

Ramon avait fabriqué l'étable dans des boîtes à camembert et Puduk a bien voulu prêter un de ses plus beaux animaux en plastique pour faire le bœuf. Mais comme il avait pas de bœuf, il avait apporté son tricératops. C'était peut-être pô un bœuf mais c'était vraiment un de ses plus beaux animaux en plastique.

C'est Jean-Claude qui devait apporter l'étoile du berger.

On a fait vraiment tout ce qu'on pouvait. À part le chien de Manu qui a fait pipi devant la crèche et l'odeur de fromage qui gênait un peu, on a participé à fond, les copains et moi.

En plus, historiquement, c'était nous les plus culturistes : on s'était souvenus que Noël, c'était en hiver, alors avec Hugo, pour faire encore plus vrai, on a même fait la neige.

C'est là que les filles ont dit un truc à la noix du genre « trop c'est trop » en se mettant la tête dans les mains comme fait maman quand elle veut me montrer que je lui fais beaucoup des soucis.

8

LA CULTURE

Moi je me sers vachement du dictionnaire. Je cherche des mots dégueulasses comme « pénis » ou « concupiscent » et c'est hyper-marrant.

Des fois, je tombe sur des mots tellement bizarres que même la définition a l'air dégueulasse. J'aime bien aussi quand y'a des photos. Des fois, le mot a l'air vraiment super-crade et quand je regarde dans le dictionnaire, au-dessus du nom y'a la photo d'un animal de rien du tout.

Le dictionnaire, c'est plein de trucs méga-cool. Mais ce que je préfère, c'est la peinture classique du XVIIIe siècle.

Une fois, pour voir plus de peinture classique nue, j'ai demandé à papa de m'emmener au musée. Il avait l'air vachement content, comme si je lui demandais d'aller à une expo d'art ou à un truc culturel comme ça. Mais il s'est trompé de musée.

Y'avait des potiches cassées, des statues en pierre qui représentaient que la tête des gens, des tas de peintures de vieilles ou de types avec des chapeaux et des boucles d'oreilles, des peintures de paysages super-grandes... mais pô une femme à poil. Et quand y'en avait une, fallait voir le monstre.

À la fin de l'exposition, un type s'est approché de nous et nous a dit qu'il était le conservateur du musée et il nous a demandé ce qu'on avait pensé de notre visite.

9

L'EXCURSION EN CAR

La seule chose terrible contre laquelle on peut rien faire, c'est quand Vomito est assis à côté de toi pour un voyage en car. À tous les coups, il te dégueule dessus. C'est le grand geyser de gerbe, la méga-catastrophe vomitique et donc le T-shirt qui pue le prédigéré pendant tout l'après-midi d'excursion. Alors, quand la maîtresse est venue me l'imposer à côté, j'ai tout fait pour qu'elle le reprenne mais elle a rien voulu entendre et elle a dit que ça irait bien. Moi je savais bien que Vomito, sa nature, c'est vomir et je le surveillais à mort. Alors je l'ai vu sortir un truc de son sac.

J'y croyais pô ! Ce malade avait pris un sandwich ! Il te déballait le truc tout naturellement comme si c'était normal de bouffer en car quand on est Vomito. En plus, c'était un énorme sandwich rempli de tomates-jambon-mayo, je te dis pas la couleur du vomi... Et il pensait vraiment que j'allais le laisser se bourrer de munitions !

Et la maîtresse qui m'engueulait dès que j'ouvrais la bouche pour dire un mot, c'était vraiment du culot ! À sa place, je me serais plutôt inquiétée si c'est Vomito qui ouvrait la bouche ! Je trouvais même carrément injuste qu'elle insiste comme ça. Alors je lui ai expliqué pourquoi c'était grave.

Au bout d'un moment, elle me disait plus de me taire. Et puis elle a fait arrêter le car en disant au chauffeur « vite, vite ». Je crois qu'à ce moment-là, elle avait enfin compris de quoi je parlais.

10

Non mais quelle frimeuse ! C'est dingue, y'a vraiment un truc bizarre chez les filles qui les oblige à nous traiter comme des moins que ta mère. Hugo, il a attendu que Corine s'éloigne et il s'est penché vers Manu et moi comme quand y'a un truc qu'il sait et qu'il devrait pô dire.

Alors il a dit que son frère lui avait dit que c'était parce que Corine, elle devait avoir ses règles. Manu et moi, on voyait pas ce que ça changeait et Manu a même dit que lui aussi il en avait une et que c'était pô une raison. Hugo a hurlé de rire pour se foutre de nous en disant qu'on savait même pas ce que c'était, les règles.

En fait, moi j'ai dit que je savais très bien mais que je me souvenais plus et c'est tout.

N'empêche qu'en traversant la cour de récré pour rentrer en classe, je me demandais bien comment ça pouvait faire d'avoir des règles dans la culotte. Alors je me suis approché de Corine et j'ai vérifié par moi-même cette histoire tordue.

Rien ! Mais rien de rien ! Pas l'ombre de règles dans sa culotte ! Parce que sinon, je l'aurais vu : les règles dans la culotte, ça passe pô inaperçu, c'est moi qui vous le dis.

Corine, elle a pas non plus passé inaperçu que je mate sous sa jupe et elle m'a fait comprendre que sa culotte, même sans des règles, c'est privé.

N'empêche, quelle chipie ! Alors que moi, ce qui m'intéressait, c'était pô du tout sa culotte, c'était scientifique.

D'autant que des règles dans sa culotte elle en avait rien du tout, cette frimeuse menteuse !

11

J'ai demandé à François ce qu'il avait son cousin Pierrot. François a répondu qu'il était myopathe. Moi j'ai dit : « Ah bon... J'ai cru qu'il était handicapé. »

Manu a explosé de rire en disant que j'étais un gros nul, que myopathe, c'est handicapé, que d'abord t'es en chaise roulante et puis après tu vas à la télé. Manu, il m'énerve trop quand il fait celui qui sait mieux que moi. Alors je lui ai dit que lui il était myope alors il pouvait y aller à la télé. Et toc.

Et puis j'ai posé quelques questions à Pierrot pour voir si on pouvait jouer ensemble.

On a cherché à quoi on pourrait bien jouer et François a proposé de jouer aux Dalton, comme ça Pierrot pourrait faire la diligence. C'était une chouette idée et on s'est mis à poursuivre Manu qui poussait le chariot de Pierrot. Ils ont pris de la distance mais ils regardaient pas où ils allaient.

Et là où ils allaient, c'était droit vers les escaliers.

On leur a crié de s'arrêter mais ce myope des oreilles de Manu croyait que c'était une arnaque pour les rattraper.

Avec François, on s'est arrêtés et on a juste eu le temps de voir Manu et Pierrot, la tête tournée vers nous pour nous dire : « Ha ! Ha ! On vous a eus ! »

Ça a fait un boucan énorme. Le boucan de deux types et un chariot qui se balance à toute vitesse dans un escalier, quoi.

En tout cas, ça fera une bonne leçon à Manu que c'est pô toujours lui qui sait mieux que moi.

12

C'était un matin comme les autres, tout pourri où c'est obligé de se lever pour aller en classe. D'habitude, maman vient me réveiller tout doucement en me posant la main dessus. Des fois, elle me fait un bisou pour m'aider à me réveiller.

C'est ce qu'elle a fait ce matin-là : exactement comme d'habitude. Sauf que c'était pô comme d'habitude. Quand maman a posé sa main sur moi pour me réveiller tout doucement en parlant à voix basse, je me suis effectivement réveillé...

Je me suis assis en sueur au bord du lit. Maman ouvrait grands des yeux étonnés mais elle a fait comme si de rien n'était en disant qu'il fallait que je m'habille. Mais quand j'ai enfilé mon T-shirt, je me suis aperçu à travers le tissu dans le miroir et c'était comme si j'avais plus de tête.

L'horreur a continué dans la salle de bains...

...et toute la matinée jusqu'à ce que je parte pour l'école.

C'était une nuit horrible, un matin épouvantable, tout un souvenir affreux à jeter à la poubelle. Mais le principal, c'était de sauver l'honneur.

13

Ma mamy, elle croit que quand elle me dit de dormir, ça suffit pour que je dorme même si j'en ai pas du tout envie.

Et ce soir-là, dormir, j'en avais pô du tout du tout du tout envie. Ma mamy a dit que si je dormais pas tout de suite bien sagement, c'est le loup qui allait venir. Et ensuite, elle est sortie de ma chambre et elle a fermé la porte. C'est vraiment les adultes ça ! Ils nous prennent pour des petits de maternelle !

Mamy est revenue dans ma chambre pô contente du tout et elle a dit que le loup était vraiment méchant et qu'il me mangerait. Moi j'ai dit que ça m'étonnerait parce que j'avais mon pistolet laser pour lui pulvériser la gueule. Mamy a eu l'air déçu que je puisse buter son super-loup et aussi que je dorme toujours pas.

Elle est sortie encore en soufflant fort comme quand on en a marre. Moi je criais que je voulais qu'elle me montre le loup qui me faisait même pô peur du tout. Mais Mamy est pas revenue. Quand la porte s'est ouverte, c'est papa qui a passé la tête pour me régler les comptes.

Même si c'était y'a des siècles et qu'il y avait pas les Game Boy et la PlayStation, je regrettais de pas être né à l'époque où le loup venait faire peur aux enfants qui voulaient pas dormir.

14

Le cours de français, c'est vraiment trop nul. La maîtresse nous apprend des trucs que je sais même pô pourquoi ça existe et que je me demande vraiment s'il était pas un peu malade le type qui avait inventé tout ça. Les jours où on fait les verbes, c'est pire que tout. Les trucs bizarres que ça donne genre « que je vous visse, que nous vous vissions », ça me rend malade. Heureusement, y'a un truc qui rattrape tout, c'est quand on a récitation de poésie. Je reste réveillé rien que pour ça. En particulier quand c'est Ramon et Jean-Claude qui vont au tableau.

L'accent de Ramon, je m'y ferai jamais tellement c'est drôle. Il mélange tout le texte et ça donne de ces trucs qui ont vraiment plus rien à voir avec la poésie que la maîtresse nous a donnée à apprendre.

Sacré Ramon, il me refile des sacrées parties de rire.

Quand on passe à Jean-Claude, c'est aussi un vrai spectacle...

En plus, Jean-Claude, il postillonne sur ceux du premier rang. Et moi je meurs de rire tellement que la maîtresse me chope à tous les coups.

Mais je vais vous dire : la consigne au coin pendant tout le reste de la classe, le mot aux parents, les 50 lignes de punition pour le lendemain, je m'en fiche. Parce que rigoler, c'est encore plus chouette quand c'est pas permis.

Table

REJOINS

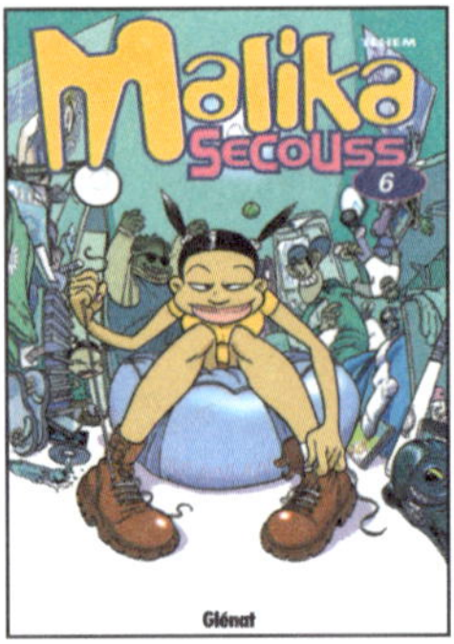

PAR TEHEM
6 TOMES PARUS

PAR BUCHE
TOME 5 À PARAÎTRE

PAR TÉBO
TOME 5 À PARAÎTRE

PAR BOULET
TOME 3 À PARAÎTRE

PAR RENO & BOULET
TOME 3 À PARAÎTRE

PAR NOB
2 TOMES PARUS

EN VENTE EN LIBRAIRIE - À LIRE

Imprimé en France par ***Partenaires-Livres***®
n° dépôt légal : 39504 - novembre 2003
20.20.0833.01/2 - ISBN : 2-01-200833-X
Loi n°49-956 du 16 juillet 1949
sur les publications destinées à la jeunesse